Nulle
en calcul !

Pour Charlotte
et Pierre-Louis

Responsable de la collection : Frédérique Guillard
Direction artistique : Bernard Girodroux, Claire Rébillard et Laurence Moinot.

Première édition *Nulle en calcul !* collection Première Lecture,
Éditions Rouge & Or, Paris, 1992.

N° d'Éditeur : 10095374 - (V) - 18,5 - CSBS - 170°
Dépôt légal : avril 2002
Impression et reliure : Pollina s.a., 85400 Luçon - n° 86444-D
Conforme à la loi n° 49956 du 16 juillet 1949
sur les publications destinées à la jeunesse.
ISBN 2.09.282429-5

BÉATRICE ROUER

Nulle en calcul !

Illustrations de Rosy

NATHAN

C'est vrai,

il faut bien l'avouer,

je ne suis pas

une très bonne élève.

Mon dernier bulletin

a même déclenché

une tempête

chez mes parents.

Mon père et ma mère disaient :
– Quand même,
tu pourrais faire un effort !

Ils m'ont regardée droit dans les yeux et m'ont demandé :
– Laetitia, tu dois nous promettre quelque chose.

– Oui ?
– Tu dois nous promettre de t'appliquer.

J'ai baissé un peu la tête pour réfléchir, et j'ai promis :

– D'accord, je vais faire des efforts.

Le lendemain, j'étais pleine
de grandes résolutions.
D'abord, j'ai bien rangé mon
bureau, puis j'ai soigneusement
aligné mes crayons et, enfin,
j'ai ouvert mon cahier du soir.
La maîtresse nous avait donné
un problème. D'habitude,
je suis nulle en calcul.

Mais là, en m'appliquant bien,
j'allais réussir, c'était sûr.
Lentement, j'ai lu l'énoncé :

*Sachant qu'un cycliste met
10 minutes pour parcourir
2,5 kilomètres,
combien de temps mettra-t-il
pour en parcourir 5 ?*

Oh ! là, là ! là, là !
Quel problème difficile !
Depuis Noël, j'ai une montre
et je sais lire l'heure.
Mais additionner des minutes
et en plus, des kilomètres,
ça, c'était vraiment trop
compliqué pour moi.

J'étais là, en train de m'arracher
les cheveux, quand, par la fenêtre
de ma chambre, j'ai aperçu
un cycliste. Ça m'a donné
une idée…
Aussitôt, j'ai sorti ma bicyclette
rose et je suis partie…

Je roulais normalement, toujours à la même vitesse. Au feu rouge, bien sûr, je me suis arrêtée. J'ai regardé ma montre et, sur une feuille, j'ai noté l'heure : 17 heures 05. Quand le feu est revenu au vert, vite, j'ai encore écrit : 17 heures 07.

Un peu plus loin, en passant devant la bibliothèque, quelqu'un m'attendait sur le trottoir : Jennifer ! C'est ma meilleure copine et, d'habitude, on passe des heures à se dire des secrets. Mais là, vraiment, je n'avais pas beaucoup de temps.

Je lui ai crié :
– Attends !

J'ai noté l'heure sur ma feuille et j'ai dit :
– Maintenant, je peux te parler.
Jennifer avait l'air étonnée.

Elle m'a demandé :
– Tu te balades à vélo ?
Tu as déjà fini tes devoirs ?

– Pas tout à fait.

– Il est dur, le problème.

– Oui, mais je veux trouver la réponse.

– En tout cas, ça n'est pas comme ça que tu la trouveras. Tu vas encore avoir zéro.

– On parie ?

– Pari tenu !

Il faut vous dire que Jennifer est toujours première.
Mais là, j'étais bien décidée à avoir la meilleure note.
De nombreux coups de pédales plus tard, me voilà arrivée devant mon école. La maîtresse habite juste à côté. Elle était dans son jardin et elle m'a regardée d'un air surpris :
– Laetitia, tu as oublié quelque chose ? Je peux t'aider ?

– Non merci, madame,
je travaille.
– Ah bon, a répondu
la maîtresse, étonnée.

Et je suis repartie aussitôt.

À la maison, ma mère était
fâchée :
– Laetitia, ça fait un temps fou
que tu te promènes. Et ton travail,
il est fait ?
– Oui, maman, il est fait.

Le lendemain, à l'école,
la maîtresse a demandé qui avait
la réponse au problème.
Personne n'a levé la main,
sauf Jennifer et moi.
Comme elle est toujours première,
la maîtresse l'a interrogée
en premier. Jennifer a pris
sa petite voix savante pour dire :
– Le cycliste a mis 40 minutes.
J'ai crié :
– C'est faux ! Le cycliste a mis
20 minutes !

La maîtresse a eu l'air étonnée :
– Bravo, Laetitia ! Tu vas venir au tableau pour expliquer à toute la classe comment tu as fait.

Je me suis levée. Tout le monde me regardait avec admiration. Surtout Olivier, parce que c'est mon amoureux. Au tableau, j'ai dessiné ma maison et l'école. Entre les deux, j'ai mis un feu rouge et Jennifer.

Et j'ai expliqué :
– Voilà, j'habite à 5 kilomètres de l'école. Je suis partie de la maison à 17 heures pile. Je me suis arrêtée 2 minutes au feu rouge puis 3 minutes pour discuter avec Jennifer.

Ce qui fait : 2 minutes + 3 minutes
= 5 minutes.
À 17 heures 25, je suis arrivée
à l'école. J'ai mis exactement :
25 minutes – 5 minutes
= 20 minutes
pour faire 5 kilomètres.

La maîtresse a ri :
– Quel travail ! Tous ces calculs sont bien compliqués !

Elle a ajouté, pour toute la classe :

– Laetitia a eu beaucoup de chance de trouver la réponse. Mais elle n'a certainement pas utilisé la bonne méthode. Comment ferait-elle s'il s'agissait d'un avion ?
– Ça n'existe pas, a crié Olivier, ça n'existe pas, un avion qui fait 2,5 kilomètres en 10 minutes !

D’un seul coup, la maîtresse
a eu l’air fatiguée.
Pour ne rien arranger, Jennifer
a continué :
– C’est pas juste, elle est la seule
à habiter à 5 kilomètres
de l’école. Tout le monde
ne pouvait pas faire ça.
– Tout le monde n’aurait pas eu
cette bonne idée ! a rétorqué
Olivier pour prendre ma défense.

Et na !

La maîtresse ne disait rien.
Je crois qu'elle était un peu découragée. Nous n'avions vraiment pas l'air de comprendre comment on doit faire les problèmes.
Elle a écrit au tableau :

Et la maîtresse a ajouté,
avec un sourire plein d'espoir :
– C'est facile, non ? Vous allez
savoir me calculer ça pour jeudi.

C'était sans doute plus facile
à faire qu'à calculer.
Toujours est-il que, ce jeudi-là,
la maîtresse a perdu son sourire.

Parce que, ce jeudi-là,
tous les enfants de la classe
sont arrivés avec un gâteau…

Ce qui faisait en tout 26 gâteaux sur son bureau.
On aurait pu chercher leur poids total. Mais, manque de chance, pas un ne pesait la même chose !

Béatrice Rouer

Elle vit dans le Nord, où elle a fait des études de journalisme. Puis elle s'est mise à écrire des histoires pour les enfants et, comme on n'est jamais mieux servi que par soi-même, elle a mis au monde les trois plus assidus de ses lecteurs, Priscilla, Martin et Thomas.

Rosy

Tout petit, Rosy s'amuse à recopier les personnages de Walt Disney. Après un passage dans l'entreprise familiale de clouterie, il entre aux Éditions Dupuis. Il écrit des scénarios et crée des personnages de B.D. Actuellement, il dessine pour la presse et l'édition et signe de temps en temps une campagne de publicité.

Retrouve Jennifer, Laetitia et Olivier
dans les aventures suivantes :

T'es plus ma copine !
Tête à poux
Mon père, c'est le plus fort !
Nulle en calcul !
La maîtresse en maillot de bain
Le pestacle et les pétards
Souris d'Avril !
La tête à Toto
C'est mon amoureux !
Le fils de la maîtresse

Dans la même collection

Arnaud Alméras

Barbichu et la machine à fessées

Barbichu et le détecteur de bêtises

Barbichu et le Confiscator

Calamity Mamie

Les vacances de Calamity Mamie

Le Noël de Calamity Mamie

Calamity Mamie et bébé Chloé

Calamity Mamie à l'école

Calamity Mamie se marie

Hubert Ben Kemoun

Tous les jours, c'est foot !

Même pas cap !

Ce n'est pas le vrai !

C'est quoi ta collec ?

Comme une grenouille

À fond les rollers

30 ans dans mon verre

Jean-Michel Billioud

Le vélo, c'est trop dur !

Nicolas-Jean Brehon

Un petit grain de rien du tout

Florence Cadier

Qui est Laurette ?

Claude Clément

Princesse Chipie et Barbaclou

Bon anniversaire, Barbaclou !

Princesse Chipie et Barbaclou en vacances

Jean-Loup Craipeau

Un Noël à poils doux

Chipie-Cata et la sorcière

François David

Le bouleau de Loulou

Allo papa, tu raccroches ?

Comme des frères

Vive le progrès !

Elsa Devernois

Qu'est-ce que tu me donnes en échange ?

Danielle Fossette

Je ne veux pas aller au tableau !

Je me marierai avec la maîtresse

Jacqueline Frasca

Dent de loup

Anne et Claude Gutman

Comment se débarrasser de son petit frère ?

Claude Gutman

Doudou Premier

Fanny Joly

Juliette Mangemiette

Dédé télécommandé

Catherine Lamon-Mignot

Gentil squelette cherche amourette

Y'a un fantôme dans les cabinets !

Thierry Lenain

Menu fille ou menu garçon ?

Mademoiselle Zazie a-t-elle un zizi ?

Mademoiselle Zazie veut un bébé

Vive la France !

Le livre qui fait peur

Dans la même collection

Thierry Lenain

Série "Bravo Léo" :

Crocodébile

Tête de grenouille

Merci moustique !

Silence, les monstres !

Au secours, les anges !

Didier Lévy

Les débuts du chevalier Bill Boquet

Gérard Moncomble

Mimi la Montagne

Anne Naumovic

La fêlée du logis

Marjane

Les monstres n'aiment pas la lune

Geneviève Noël

Un super anniversaire

Le perroquet bête comme ses pattes

Yves Pinguilly

Les vacances du poisson rouge

Maman, j'ai des points bleus !

Michel Piquemal

Laissez passer les biquettes

Yak Rivais

Lutinet cherche une glace

Ann Rocard

Le loup qui avait peur de tout

Le loup qui tremblait comme un fou

Le loup qui n'avait jamais vu la mer

Le loup qui sifflait trois fois

Le vampire qui avait mal aux dents

Béatrice Rouer

T'es plus ma copine !

Mon père, c'est le plus fort !

Le pestacle et les pétards

Nulle en calcul !

Tête à poux

La maîtresse en maillot de bain

Le fils de la maîtresse

Je le dirai à ma mère !

C'est mon amoureux !

La tête à Toto

Souris d'avril !

Sourichérie

Le fantôme des oubliettes

Le monstre c'est mon frère !

Éric Sanvoisin

Bizarre le bizarre

Alain Surget

C'est moi le plus malin !

Emmanuel Trédez

Et si les poules avaient des dents ?

Claire Ubac

Hugo n'aime pas les filles

Comment j'ai trompé la petite souris

Zidrou

Le grand amour de Mathurin Pinpin